Bibliografische Information der Deutschen Nationalbibliothek:

Die Deutsche Bibliothek verzeichnet diese Publikation in der Deutschen National-
bibliografie; detaillierte bibliografische Daten sind im Internet über http://dnb.d-
nb.de/ abrufbar.

Dieses Werk sowie alle darin enthaltenen einzelnen Beiträge und Abbildungen
sind urheberrechtlich geschützt. Jede Verwertung, die nicht ausdrücklich vom
Urheberrechtsschutz zugelassen ist, bedarf der vorherigen Zustimmung des Verla-
ges. Das gilt insbesondere für Vervielfältigungen, Bearbeitungen, Übersetzungen,
Mikroverfilmungen, Auswertungen durch Datenbanken und für die Einspeicherung
und Verarbeitung in elektronische Systeme. Alle Rechte, auch die des auszugsweisen
Nachdrucks, der fotomechanischen Wiedergabe (einschließlich Mikrokopie) sowie
der Auswertung durch Datenbanken oder ähnliche Einrichtungen, vorbehalten.

Impressum:

Copyright © 2013 GRIN Verlag
Druck und Bindung: Books on Demand GmbH, Norderstedt Germany
ISBN: 9783656438939

Dieses Buch bei GRIN:

https://www.grin.com/document/210736

Lisa Fink

Bericht über ein Praktikum in einer Seniorentagesstätte und bei einem Tourismusverband

GRIN Verlag

GRIN - Your knowledge has value

Der GRIN Verlag publiziert seit 1998 wissenschaftliche Arbeiten von Studenten, Hochschullehrern und anderen Akademikern als eBook und gedrucktes Buch. Die Verlagswebsite www.grin.com ist die ideale Plattform zur Veröffentlichung von Hausarbeiten, Abschlussarbeiten, wissenschaftlichen Aufsätzen, Dissertationen und Fachbüchern.

Besuchen Sie uns im Internet:

http://www.grin.com/

http://www.facebook.com/grincom

http://www.twitter.com/grin_com

Ludwig-Maximilians-Universität München
Institut für Volkskunde/Europäische Ethnologie

01.03.2013

Praktikumsbericht

Bericht über die im Rahmen des Praxissemesters absolvierten Praktika

Sozialdienst X e.V.

Tourismusverband X

Inhaltsverzeichnis

1. Einleitung

Als Studentin der Kulturwissenschaften im Haupt- und der Pädagogik im Nebenfach habe ich in meinen fünf bisherigen Semestern mein Hauptinteresse an der Vermittlung von Lerninhalten, insbesondere kultureller Art, entwickelt.

Da ich mir beruflich vorstellen könnte, in den Bereichen der Erwachsenenbildung, der sozialen Arbeit und insbesondere im Tourismus tätig zu sein, interessierte ich mich sehr für Praktika in Einrichtungen dieser Bereiche in meiner Umgebung und entschied mich, u.a. auch aus zeitlichen Gründen, für zwei jeweils zweiwöchige Praktika. Als erste Stelle wählte ich den Sozialdienst X e.V., sowie im Anschluss daran, um Einblicke in den Bereich des Tourismus zu gewinnen, für den Tourismusverband X.

Als Praktikumsstelle für den sozialen Bereich - und gegebenenfalls damit verbunden die Erwachsenenbildung, entschied ich mich für den sehr aktiven Sozialdienst in X, dessen breite Palette an Angeboten für junge Familien, Kinder und Jugendliche sowie für Senioren, mich sehr überzeugt. Der Sozialdienst bot mir eine Praktikumsstelle im Bereich der Seniorenhilfe, insbesondere in der Seniorentagesstätte X, an.[1]

Die Betrachtung der Internetseite des Tourismusverband X, deren Darstellung meiner Heimat, des X, mir sehr gut gefällt, hat meinen Eindruck bestätigt, dass ich mich als Praktikantin bei dem Tourismusverband aktiv an Planungs- und Entwicklungsprozessen beteiligen und inspirierende Erfahrungen für mein eventuelles späteres Berufsleben sammeln könnte.[2]

Aus diesen genannten Gründen bewarb ich mich bei den beiden Stellen zunächst anhand einer kurzen Anfrage per Email um einen Bewerbungsplatz, woraufhin ich aufgefordert wurde, meine Bewerbungsunterlagen zuzuschicken und zu einem ersten Gespräch und der Besichtigung des jeweiligen Betriebes eingeladen wurde.

---

[1] http://www.X.de/seniorenhilfe_tp.php
[2] http://www.X.de/

3

2. Praktikum in der Seniorentagesstätte X

2.1 Beschreibung der Praktikumsstelle

Bei dem Sozialdienst X e.V. handelt es sich um einen gemeinnützigen, überkonfessionellen, überparteilichen Verein, der 1971 durch BürgerInnen der Gemeinden X und Y als Nachbarschaftshilfe gegründet wurde. Im Rahmen seiner Möglichkeiten hilft er pflege- und hilfsbedürftigen BürgerInnen, wobei insbesondere älteren und kranken oder behinderten Menschen durch sein Angebot ermöglicht werden soll, dass sie so lange wie möglich in ihrer gewohnten Umgebung bleiben können, während Familien bei der Pflege ihrer Angehörigen bestmögliche Unterstützung erfahren sollen.[3]

Die Seniorentagesstätte, in der ich hauptsächlich mein Praktikum absolviert habe, setzt sich aus einem engagierten Team aus zwei gerontopsychatrischen Pflegekräften, einer Pflegefachkraft, einer Pflegeassistentin, einer Absolventin des freiwilligen sozialen Jahres sowie zwei hauswirtschaftlichen Helferinnen zusammen. Des Weiteren ist die Seniorentagesstätte offen und gerne bereit, regelmäßig PraktikantInnen zu beschäftigen.

Derzeit wird die Seniorentagesstätte X von insgesamt 19 Gästen besucht, wobei die Tageskapazität bei maximal zehn Gästen liegt.[4]

2.2 Leitbild und Tätigkeitsprofil der Seniorentagesstätte

Die Seniorentagesstätte richtet sich nach ihrem eigenen Pflegeleitbild, welches vorsieht, dass Individualität und das Recht auf Selbstbestimmung sowie die Eigenverantwortung der Gäste geachtet werden. Der Mensch mit seinen Wünschen und Bedürfnissen steht dabei im Vordergrund. Es soll der Kontakt und das Gespräch der Gäste untereinander gefördert und ein Austausch über persönliche Dinge aus Alltag und Vergangenheit der Gäste angeregt, sowie Fähigkeiten und Kenntnisse aktiviert werden. Ebenso legt das Leitbild der Tagesstätte großen Wert auf eine enge Zusammenarbeit mit Angehörigen und zuständigem Pflegepersonal. Probleme und Konflikte sollen möglichst in Gesprächen mit den Gästen und ihren Angehörigen gemeinsam gelöst werden, während jegliche Form von Zwang grundsätzlich möglichst vermieden werden soll.

---

[3] http://www.X.de/wirueberuns.php

[4] http://www.X.de/seniorenhilfe_tp.php

Bei den Gästen der Tagesstätte handelt es sich überwiegend um an Demenz erkrankte bzw. teilweise hilfs- und pflegebedürftige Menschen, die jedoch relativ selbstständig bei Angehörigen oder in den eigenen vier Wänden wohnen können.

Zum besseren Verständnis soll an dieser Stelle die Demenzerkrankung als unheilbare, organische Krankheit definiert werden, die sich schleichend oder schubweise verschlimmern kann. Der Demenzkranke verliert dabei zunehmend die Kontrolle über das eigene Denken, wodurch es zu Verhaltensänderungen kommt, die nicht willentlich steuerbar sind. Zu den Symptomen der Krankheit zählen u.a. Orientierungs-, Wahrnehmungs- und Konzentrationsstörungen, ebenso wie Aspekte des körperlichen Abbaus.

Die Seniorentagesstätte X ist direkt neben dem Gebäude des betreuten Wohnens in neuen, großzügigen und hellen Räumlichkeiten untergebracht. Sie verfügt über eine Wohnküche, einen Ruheraum, einen Therapieraum, ein Pflegebad sowie eine Terrasse. Die Räumlichkeiten sind dabei vollkommen barrierefrei und seniorengerecht gestaltet und mit Hilfsmitteln für die Gäste ausgestattet.

Nach Bedarf können die Gäste der Tagesstätte durch den Fahrtendienst von zu Hause abgeholt werden. Der Tagesablauf beginnt mit einem gemeinsamen Frühstück. Im Anschluss daran werden die Gäste durch ein abwechslungsreiches Unterhaltungs- und Beschäftigungsprogramm beschäftigt. Auf das Mittagessen um 12 Uhr folgt von 12.30 Uhr bis etwa 13.45 Uhr die Mittagsruhe im dafür eingerichteten Ruheraum. Nachdem um 14 Uhr Kaffee und Kuchen serviert werden, folgt wieder das Beschäftigungsprogramm, bis die Gäste gegen 16.30 Uhr abgeholt oder nach Hause gefahren werden.

Neben den Mahlzeiten und dem Beschäftigungsprogramm gehören auch pflegerische Aspekte, wie beispielsweise das Helfen beim Anziehen, beim Toilettengang, der Körperhygiene oder die Kontrolle der Medikamenteneinnahme, zu den Aufgaben des Personals.

2.3 Mein Tätigkeitsfeld während des Praktikums

Als Studentin der Kulturwissenschaft ist für mich insbesondere das Alltagsleben der Menschen von großem Interesse. Insofern wurde mir während meines Praktikums ein sehr guter Einblick in derartige Lebenswelten ermöglicht, da ich in der Beobachterrolle den Tagesablauf der Gäste beobachten und daran teilhaben konnte.

So half ich morgens bei der Vorbereitung und Verabreichung des Frühstücks, ebenso wie bei Mittagessen und Kaffee und Kuchen, holte gegebenenfalls Gäste aus dem betreuten Wohnen ab, beteiligte mich an den Unterhaltungsaktivitäten, half bei Empfang und Verabschiedung der Gäste und bei den Vorbereitungen für den nächsten Tag.

Da ich nicht über das Wissen, bzw. eine Ausbildung im Bereich der Altenpflege verfüge, nahm ich bei den pflegerischen Aspekten eher eine Beobachterrolle ein und half bei kleineren Tätigkeiten wie etwa dem Anziehen, dem Schieben des Rollstuhls, dem Verabreichen des Wassers für die Medikamente, wobei ich in meiner Beobachterrolle dennoch einen guten Überblick über die vielfältigen notwendigen Durchführungen erhielt.

Im Rahmen einer halbtägigen Hospitanz in der ambulanten Pflege wurde es mir ermöglicht, einen Einblick in die Strukturen und Abläufe der ambulanten Pflege zu gewinnen. Ich begleitete zu diesem Zweck eine Kollegin mit dem Auto zu pflegebedürftigen Personen, die in den eigenen Wänden wohnen können, jedoch teilweise Hilfe benötigen, etwa bei der Medikamenteneinnahme, bei hauswirtschaftlichen Tätigkeiten, beim Anziehen - insbesondere der Kompressionsstrümpfe - oder bei der Körperhygiene, wobei ich dabei verständlicherweise lediglich eine Beobachterrolle innehatte.

Des Weiteren begleitete ich unterstützend den Seniorentreff des Sozialdienstes X. Es handelt sich dabei um einen Ort der Kommunikation, Information, Bildung und Freizeitgestaltung zur zwanglosen und vergnüglichen Begegnung für alle Xer BürgerInnen ab dem 60. Lebensjahr.

2.3.1 Die Lebens- und Alltagswelt der Senioren

Neben der teilnehmenden Beobachtung, bzw. der beobachtenden Teilnahme, machte ich des Weiteren von der kulturwissenschaftlichen Methode des Interviews Gebrauch.

Da mich als Studentin der Kulturwissenschaft insbesondere die unterschiedlichen Lebens- und Alltagswelten der Menschen interessieren, versuchte ich nach Möglichkeit vielfältige Leitfadeninterviews, sowohl mit Mitarbeitern, als auch mit Gästen der Seniorentagesstätte X durchzuführen, um möglichst viel über die Lebensumstände der einzelnen Personen zu erfahren. Um nicht die eventuell eher unnatürliche und unangenehme Frage- Antwort-Situation eines klassischen Interviews zu erschaffen, gab ich die Interviews jedoch nicht als solche zu erkennen, sondern gestaltete sie eher in Gesprächsform. Auf diese Weise erfuhr ich erstaunlich viel über die vielfältigen Lebensumstände der Gäste, sowie über deren Vergangenheit und die vielseitigen Aspekte des Lebens älterer und gegebenenfalls kranker bzw. pflegebedürftiger Menschen.

Interessant und unerwartet war für mich die unterschiedlich ausgeprägte Offenheit der Personen mir gegenüber. So traf ich auf sehr gesprächsfreudige Menschen, die geradezu

„wie aus dem Nähkörbchen plauderten" und ihre Lebensgeschichte offen vor mir ausbrei-
teten, als auch auf eher verschlossene Personen, die weder Interesse an mir als Praktikantin, noch am Sprechen über die eigene Biographie zeigten, wobei ich hierbei große Un-
terschiede insbesondere zwischen den Gästen der Tagesstätte, die überwiegend pflege-
bedürftig sind, und dem Seniorentreff feststellen konnte, deren Gäste in der Regel gesun-
de und selbstständige Senioren sind und – verständlicherweise – eine sehr viel vergnügli-
chere Stimmung verbreiteten. Gerade bei diesem Seniorentreff stieß ich auf ein großes Interesse an meiner Person und dem Grund meiner Teilnahme, als auch auf hohe Bereit-
schaft, mir mit Freude aus dem eigenen Leben und dem Leben im Alter zu erzählen.

Sehr hilfreich bei den weniger erzählfreudigen Gästen der Tagesstätte war für mich, dass
zu dem richtigen Umgang mit der Demenz, von der der Großteil der Gäste betroffen ist,
gehört, dass man sich - u.a. um ihren allgemeinen Orientierungsstörungen entgegenzuwirken und ihre Individualität anzuerkennen und zu respektieren - mit ihrer Biographie beschäftigt und diese in das Beschäftigungsprogramm möglichst miteinbezieht, etwa indem
aktuelle kulturelle Phänomene besprochen und daraufhin mit der Jugendzeit der Gäste
verglichen werden, woraufhin jeder Gast in das Gespräch miteinbezogen und mehrmals
dazu angeregt wird, seine Vergangenheit zu reflektieren und darüber zu erzählen.

Eine besonders schöne und hilfreiche Idee, um mehr über die vielfältigen Geschichten der
Menschen zu erfahren, finde ich die Idee, jeden Gast seine persönliche Platzdecke mit Fo-
tos und Bildern aus Zeitschriften gestalten zu lassen, die an Aspekte seiner Biographie er-
innern, die ihm besonders wichtig sind. Während dies dem jeweiligen Gast ein Gefühl der
Struktur, der Sicherheit und vor allem der eigenen Individualität verleiht, stellte es für mich
als Praktikantin eine tolle Möglichkeit dar, mehr über die faszinierenden Lebensgeschich-
ten der Gäste zu erfahren und gegebenenfalls auf dieser Basis ein Gespräch aufzubauen.

2.3.2 Das Beschäftigungsprogramm der Tagesstätte

An dieser Stelle möchte ich wiederholt betonen, dass es sich bei der Seniorentagesstätte
X um eine Tagespflegestätte handelt, dass ihre Gäste zwar relativ selbstständig zu Hause
lebende, aber dennoch teilweise hilfs- und pflegebedürftige Personen sind.

Zu den Hauptaufgaben der Mitarbeiter der Tagesstätte gehört die Unterhaltung und Beschäftigung ihrer Gäste, was für mich als Praktikantin von besonderem Interesse war, da
ich mich als Studentin der Kulturwissenschaft und der Pädagogik nicht nur für die Vermittlung von Lerninhalten interessiere, sondern insbesondere um die Bedeutung der zuneh-

mend wachsenden Gesellschaftsschicht der Senioren für die Erwachsenenbildung weiß. In diesem Zusammenhang war für mich die Frage hochinteressant, auf welche Weise die Gäste der Seniorentagesstätte unterhalten und beschäftigt werden, bzw. vor allem die Frage, in wie fern sie an den vielfältigen Möglichkeiten der Erwachsenenbildung interessiert sind und davon Gebrauch machen, bzw. machen können.

Zu dem Beschäftigungsprogramm der Tagesstätte gehören Tätigkeiten wie beispielsweise das Vorlesen aktueller Zeitungsartikel, etwa über Fasching, um die Gäste „auf dem Laufenden zu halten" und insbesondere ihr Orientierungsgefühl bezüglich der jeweiligen Jahreszeit zu aktivieren. Des Weiteren werden, so weit es die Feinmotorik der Gäste erlaubt, Bastelarbeiten durchgeführt und die Gäste beim Schneiden des Obstes oder des Gemüses für das Mittagessen beteiligt, Kreuzworträtsel gemeinsam gelöst, Brettspiele gespielt, Lieder gesungen oder, was sehr wichtig ist, von den Mitarbeitern angeregte gemeinsame Gespräche in der ganzen Runde geführt.

Um den für die Demenzerkrankung typischen Wahrnehmungsstörungen und Sinneseinschränkungen entgegenzuwirken, spielt das Miteinbeziehen aller Sinne eine besonders wichtige Rolle bei der Beschäftigung. Daher werden gerne Ratespiele mit verschiedenen Düften oder Tastspiele mit in kleinen Beuteln versteckten Gegenständen gespielt. Um der Antriebsarmut demenzkranker Personen entgegenzuwirken und ihre Feinmotorik zu fördern, werden bevorzugt Ballspiele oder die Beschäftigung mit Massagebällen eingesetzt.

Bezüglich meiner zentralen Fragestellung, in wie fern die Gäste der Tagesstätte an Angeboten der Erwachsenenbildung teilnehmen können, erhielt ich eine unerwartet ernüchternde Antwort und war überrascht über das – aus Sicht eines jungen und gesunden Menschen – doch eher „banal" erscheinende Beschäftigungsprogramm.

Je mehr ich jedoch über die Symptome der Demenzerkrankung erfuhr und mit diesen konfrontiert wurde, desto verständlicher wurde für mich, dass im Umgang mit demenzkranken Menschen nur ein beschränktes Potenzial an Beschäftigungsmöglichkeiten vorliegt. Dies ist nicht zuletzt durch die Orientierungs-, Wahrnehmungs- und insbesondere Konzentrationsstörungen begründet, ebenso wie durch den körperlichen Abbau der Personen.

Ebenso verständlich wurde für mich die kurze Dauer der einzelnen Beschäftigungseinheiten, die oftmals – trotz reger Beteiligung der Gäste – durch die Mitarbeiter abgebrochen wurden, da allzu große Erregung sowie die Ermüdung der Gäste, für welche das Beschäftigungsprogramm große Anstrengung bedeuten kann, vermieden werden sollen. Ebenso soll darauf geachtet werden, dass Interessen und Fähigkeiten aller Gäste möglichst bei der Beschäftigung eingebunden werden, damit niemand über- oder unterfordert ist.

3. Praktikum im Tourismusverband X

3.1 Beschreibung der Praktikumsstelle

Der Tourismusverband X ist ein 1976 zur Förderung des Fremdenverkehrs gegründeter kommunaler Zweckverband mit Sitz in X. Er umfasst die fünf Seen A-See, B-See, C-See, D-See und E-See, nach denen die Region benannt wird.[5] Das Team des Tourismusverbandes setzt sich zusammen aus dem Geschäftsführer, einem stellvertretenden Geschäftsführer, vier Sachbearbeitern, einer zweimal pro Woche kommenden Buchhalterin sowie wechselnden PraktikantInnen und koordiniert, initiiert und betreut ein breites Spektrum touristischer Aktivitäten verschiedener Leistungsanbieter, wie beispielsweise Hotels, Veranstalter, Mitgliedsgemeinden und Landkreise. Insbesondere ist das Team auch für umfassende Information und Beratung der Touristen zuständig.

Die Region des X liegt im Süd-Westen von München und stellt einen sehr bedeutenden Wirtschaftsfaktor dar.[6]

3.2 Das Tätigkeitsprofil des Verbandes

Den Gästen des X bietet sich auf Grund der breiten Palette an kulturellen, gastronomischen und freizeitorientierten Einrichtungen ein attraktives Gesamtangebot, wobei eine der Hauptaufgaben des Tourismusverbands X darin besteht, die Region als solche wirkungsvoll zu vermarkten und zu präsentieren. Zu diesem Zwecke sollen mit Hilfe von umfangreichen Werbe- und Verkaufsaktivitäten, wie etwa Messeauftritten, Werbefahrten, Anzeigen, Journalisten-Reisen etc., sämtliche Zielgruppen und Märkte angesprochen und auf diese Weise die Attraktivität sowie der hohe Freizeitwert des Fünf-Seen-Landes betont werden.

Etwa 320 gewerbliche und private Vermieter bieten in der Region X über 5000 Betten in allen Preisklassen an. Gerade auf Grund dieser hohen Anzahl ist es notwendig, dass der Tourismusverband X bei der Zusammenführung von Angebot und Nachfrage Hilfe stellend eingreift, weshalb sowohl der Beratung als auch der zentralen Zimmervermittlung eine bedeutende Rolle zukommt.

---

[5] www.X.de
[6] www.X.de

Eine bedeutende Hilfestellung bei der Suche nach Unterkünften in der Region stellt die Herausgabe des Gastgeberverzeichnisses dar, welches alle private und gewerbliche Vermieter der Region aufführt. Der Verband kann dabei auch Klassifizierungen von privaten und gewerblichen Unterkünften vornehmen, was für die jeweiligen Vermieter jedoch kein Muss darstellt, sondern auf freiwilliger Basis geschieht.

Ebenfalls in den Aufgabenbereich des Tourismusverbandes X fällt die Erstellung von Werbematerial, insbesondere von Prospekten. So werden beispielsweise das Gastgeberverzeichnis, die Imagebroschüre, der Sales Guide, der Gastronomieführer sowie die Golfbroschüre „Hole in One" durch den Tourismusverband erstellt, was unter anderem Datenerfassung, Gestaltung und Korrektur beinhaltet.

Darüber hinaus gehören touristische Dienstleistungen, wie beispielsweise der Kartenvorverkauf, die Bereitstellung von Informationsmaterial, Auskünfte sowie die Beratung anderer touristischer Dienstleister mit zu den bedeutendsten Tätigkeiten des Tourismusverbandes X.

3.3 Mein Tätigkeitsfeld während des Praktikums

Um die Arbeit des Tourismusverbandes X sogleich richtig kennenzulernen, wurde ich von Anfang an im Counter-Bereich eingesetzt. Dies erforderte zugleich, mich mit den Computer-Programmen, insbesondere des Herstellers etourist, mit denen dort hauptsächlich gearbeitet wird, vertraut zu machen.

3.3.1 Tätigkeiten im Counter-Bereich

Der Tourismusverband X führt die zentrale Zimmervermittlung für alle Mitgliedsgemeinden des Verbandsgebietes durch, so dass die Gäste Informationen und Auskünfte über freie Übernachtungsmöglichkeiten in der gesamten Region erhalten und nicht erst einzeln in jeder der Gemeinden anfragen müssen.

Bei der zentralen Zimmervermittlung wird dabei mit dem etourist-Programm gearbeitet, in dem alle Daten der Vermieter erfasst sind und mit dessen Hilfe nach bestimmten Kriterien, wie beispielsweise Ort, Zeitraum, Personenzahl, Zimmerart und Preislage, nach freien Unterkünften gesucht werden kann.

Es ist dabei notwendig, dass die Daten hinsichtlich der Belegung, bzw. der Freimeldung der Unterkünfte, regelmäßig aktualisiert werden, um den Gästen optimalen und vor allem korrekten Service gewährleisten zu können. Jeder Vermieter ist daher verpflichtet, sich regelmäßig beim Tourismusverband zu melden, um gegebenenfalls Belegtmeldungen, bzw. Unverändert- oder Freimeldungen durchzugeben. Diese Informationen werden dann von den Sachbearbeitern in das System eingegeben.

Zu den wohl wichtigsten Aufgaben einer Tourist-Information gehört wohl der Service im Counter-Bereich und somit die Beantwortung spezieller touristischer Fragen und Wünsche der Besucher. Diese Fragen bzw. Wünsche können dabei sehr vielfältig sein und reichen beispielsweise von Prospekt- oder Stadtplananfragen über Fahrtpläne von Schiff und S-Bahn, bis hin zu speziellen Wünschen zur Planung und Gestaltung einer Hochzeit oder eines Betriebsausflugs, bei dessen Gestaltung der Verband beratend mitwirken kann.

Da mir als Praktikantin das umfangreiche Wissen über die Region leider fehlt, konnte ich Anfragen von Touristen am Counter-Bereich nur bedingt beantworten. Stattdessen eignete ich mir umso mehr Routine bei der Bearbeitung der Anfragen hinsichtlich des Prospekt- und Informationsmaterials an, welche per E-Mail, Internet, Post, Fax oder Telefon eingingen und die ich mit Hilfe des etourist-Programms bearbeitete, indem ich die Daten eintrug und speicherte, die Anfragen als PDF ausdruckte und schließlich das gewünschte Material verpackte und frankierte, also komplett versandfertig machte.

Mit Hilfe des Programms und durch das Eingeben der Daten in den PC kann vermieden werden, dass Broschüren aus Versehen mehrfach an die selbe Person verschickt werden. Das Gastgeberverzeichnis erleichtert dabei die Arbeit, wenn Interessenten ihre Anfragen an mehrere Gemeinden der Region gleichzeitig schicken. Da das Gastgeberverzeichnis des X Tourismusverbandes die Unterkünfte aller Gemeinden zusammenfasst, kann mit dessen Hilfe ein doppelter oder mehrfacher Versand und somit überflüssige Kosten vermieden und die Verwaltung der Anfragen deutlich erleichtert werden.

Neben der zentralen Zimmervermittlung und der Tourist-Information gehört auch der Kartenvorverkauf zu den Tätigkeiten des Tourismusverbandes X und somit auch zu meinem Praktikumsfeld.

Für Veranstaltungen in der X Schlossberghalle hat, neben der Schlossberghalle selbst, auch der Tourismusverband Karten im Vorverkauf. Ansonsten bietet der Verband Karten für das Programm von München Ticket im Vorverkauf an. Der Vorverkauf für die Münchner Staatshäuser ist über den Tourismusverband jedoch nicht möglich.

Es wird dabei mit dem vibus-Programm gearbeitet, indem die gewünschte Veranstaltung bzw. das gewünschte Datum in den Computer eingegeben wird. Auf dem Bildschirm erscheint daraufhin der gewünschte Saalplan, so dass der Kunde sich die Sitzplätze, je nach

Verfügbarkeit, selbst aussuchen kann. Im Anschluss daran werden die Karten ausgedruckt und gegen Bezahlung ausgehändigt.

Die Karten können ebenso telefonisch vorbestellt, also auf Option genommen werden, wobei der Tourismusverband dies nur dann tut, wenn der jeweilige Kunde tatsächlich sehr weit entfernt wohnt. Es kann in diesem Fall per Kreditkarte bezahlt werden, die Tickets werden dann per Post zugestellt. Reservierungen sind auf diesem Wege lediglich für die X Schlossberghalle möglich.

Der Tourismusverband X bietet außerdem Karten für unterschiedliche Veranstaltungen der Region sowie Eintrittskarten für Freizeitparks - wie etwa das Legoland in Günzburg - über München Ticket vergünstigt im Vorverkauf an.

Der Bereich, der mich persönlich als Studentin der Kulturwissenschaft und der Pädagogik während meines Praktikums am meisten interessiert hat, ist die Erstellung von eigenem Werbematerial durch den Tourismusverband. Ein Großteil des Prospektmaterials muss dabei regelmäßig überarbeitet werden, damit der Inhalt stets auf dem aktuellen Stand ist. So muss das Gastgeberverzeichnis beispielsweise jährlich erneuert werden, während die Imagebroschüre X für jeweils zwei Jahre gültig ist, wobei Letzteres zukünftig durch die Informationsbroschüre Infos und Tipps ersetzt werden soll, welches erweitert wird. Die selbstgestalteten Broschüren des Verbandes, wie etwa die Broschüre zu Restaurants und Biergärten, Campingplätzen, Mobil mit dem Rollstuhl, Veranstaltungen 2013, Urlaub auf dem Bauernhof, dem Wanderweg König Ludwig II, Heiraten, Radeln und Wandern oder zu Ausflügen mit Kindern im X müssen jährlich durch die Sachbearbeiter des Tourismusverband X aktualisiert werden, ebenso wie das Gutscheinheft des Verbandes, das Ermäßigungen bei unterschiedlichen Einrichtungen der Region anbietet.[7]

Da mir die Recherche und die Darstellung insbesondere kultureller Inhalte großen Spaß macht, freute ich mich, gerade in die Prozesse rund um die Fertigstellung des Gutscheinheftes Einblicke zu erhalten. Des Weiteren übernahm ich während des Praktikums kleinere Recherchearbeiten, wie beispielsweise eine Liste zu sämtlichen Surf Schulen in der Region, die Kurse in Stand Up Paddling anbieten, bzw. Paddle Boards stundenweise verleihen oder verkaufen, sowie die Recherche und die Zusammenstellung einer Liste zu Faschingsveranstaltungen im Fünf-Seen-Land, die ich mit fröhlichen Faschingsmotiven gestaltete und schließlich an der Eingangstüre des Verbandes befestigte.

---

[7] www.X.de/tourismus/service/prospektanforderung.html

3.3.2 Messeauftritt auf der f.re.e München

Als besonderes Highlight zum Schluss hatte ich die Ehre, bei den Vorbereitungen und der Durchführung des Messeauftritts des Tourismusverbands X auf der Tourismus- und Freizeitmesse f.re.e München tätig zu sein.[8]

So arbeitete ich mich beispielsweise entlang einer Liste der zu mitnehmenden Werbematerialien, die ich zu verpacken und entsprechend zu kennzeichnen hatte. Außerdem fielen mir kleinere Aufgaben, wie beispielsweise das Herstellen der Namensschildchen für alle Mitarbeiter für die Messe, oder das Basteln von Preisschildchen zu.

Ebenso begleitete ich einen Tag vor Beginn der Messe den Aufbau auf dem Messegelände, wo ich neben dem recht anstrengenden Einräumen unseres Materials, einen tollen Einblick in die aufwendige Planung und Vorbereitung einer solchen Messe bekam.

Einen ebenso guten Einblick vor und hinter die Kulissen des Ablaufs eines Messetages erhielt ich während meines ganztägigen Standdienstes, wobei ich zugleich mit dem eher unerfreulichen Fall konfrontiert wurde, dass unser Stand – trotz der hervorragenden Positionierung auf dem Messegelände - relativ schwach besucht wurde. Der Tourismusverband X teilte sich einen großen Stand mit weiteren Tourismusverbänden des oberbayerischen Alpenvorlandes, wie beispielsweise der Region A, B oder dem C.

Dass unser Stand dennoch eher schwach besucht wurde, führe ich zum Einen auf die doch relativ geringe Entfernung des X zu München zurück weshalb die Region für die Münchner nicht die allzu exotischste Region darstellen dürfte.

Des Weiteren erkläre ich mir das relativ geringe Interesse der Messebesucher damit, dass unser Stand überwiegend mit allgemeinen Informationen, wie beispielsweise dem Gastgeberverzeichnis oder der Imagebroschüre und Infos und Tipps, vertreten war, während ein richtiger Schwerpunkt, der auch Besucher aus den benachbarten Regionen anlocken könnte, bei uns fehlte. Als am beliebtesten erwies sich der Fahrplan zur bayerischen Seenschifffahrt, wobei gerade die Seenschifffahrt einen solchen besonderen Schwerpunkt, ein Highlight unserer Region, darstellt. Eine weitere Möglichkeit wäre, mit dem Thema „Sissi und Ludwig" zu arbeiten, als zentrales Lock-Thema unseres X.

Ich bin der Meinung, dass der Verband sich künftig zunehmend auf derartige Highlights konzentrieren sollte, um das Interesse – auch der bayerischen – Gäste zu wecken.

---

[8] www.X.de

4. Schlusswort

Die beiden Bereiche, die ich mir für mein einmonatiges Praktikum im Rahmen meines Studiums der Kulturwissenschaft ausgesucht habe, könnten kaum unterschiedlicher sein.

Dennoch konnte ich zwei zentrale Aspekte meines Studiums abdecken: mein Interesse an den Alltags- und Lebenswelten von Menschen, wobei ich mir mit der Seniorentagesstätte X wohl einen relativ extremen Bereich menschlicher Lebensumstände - eben die älterer und pflegebedürftiger Menschen - ausgesucht habe, sowie die Darstellung und Vermittlung kultureller Inhalte, die ich mit meinem Praktikum bei dem Tourismusverband X abdecken konnte.

Zu meinen persönlichen Highlights im Laufe meines ersten Praktikums in der Seniorentagesstätte gehört - als ein sehr trauriges und erschreckendes Ereignis - die transitorische ischämische Attacke einer Patientin, was mir endgültig die Strenge dieses Berufsfeldes verdeutlichte und mich in dem Gefühl bestätigte, dass ich für mich persönlich keine berufliche Zukunft im Bereich der Altenpflege sehe, was neben meiner zu „dünnen Haut" letztendlich auch nicht absehbar ist, da dieser Beruf eine sehr intensive Ausbildung erfordert.

Mein Ziel, als Hospitantin einen Eindruck von der Lebenswelt dieser Menschen, ebenso wie von dem Potenzial der Erwachsenenbildung in diesem, zu erhalten, wurde durch das hervorragende und mit Herz und Seele engagierte Team voll und ganz und in allen Facetten ermöglicht, was intensiver wohl kaum noch möglich gewesen wäre.

Mein Praktikum bei dem X Tourismusverband stellte hierzu einen starken, jedoch angenehmen Kontrast dar, obgleich ich für mein Praktikum wohl eine relativ wenig ereignisreiche Jahreszeit ausgewählt habe, da im Februar verhältnismäßig wenige Touristen das X besuchen, wodurch es teilweise sehr ruhig im Verband zuging und es nicht immer Beschäftigungsmöglichkeiten für mich als Praktikantin gab.

Umso gelegener kam mir da die Vorbereitung und Durchführung des Messeauftritts auf der f.re.e München, die mir – als mein persönliches Highlight dieses Praktikums – einen tiefen Einblick in das breite Spektrum touristischer Tätigkeitsfelder ermöglichte.

Des Weiteren sah ich mich durch dieses Praktikum in meiner Freude an der Recherchearbeit und der Darstellung von kulturellen Themen bestätigt.

Sowohl in Bezug auf mein Haupt-, als auch auf mein Nebenfach Pädagogik kam ich durch diese beiden Praktika voll und ganz auf meine Kosten, indem ich meinen persönlichen Interessen nachgehen und nützliche Erfahrungen für eine mögliche berufliche Zukunft sammeln konnte.